BEI GRIN MACHT SIC WISSEN BEZAHLT

- Wir veröffentlichen Ihre Hausarbeit, Bachelor- und Masterarbeit

- Ihr eigenes eBook und Buch - weltweit in allen wichtigen Shops

- Verdienen Sie an jedem Verkauf

Jetzt bei www.GRIN.com hochladen und kostenlos publizieren

Bibliografische Information der Deutschen Nationalbibliothek:

Die Deutsche Bibliothek verzeichnet diese Publikation in der Deutschen National-
bibliografie; detaillierte bibliografische Daten sind im Internet über http://dnb.d-
nb.de/ abrufbar.

Dieses Werk sowie alle darin enthaltenen einzelnen Beiträge und Abbildungen
sind urheberrechtlich geschützt. Jede Verwertung, die nicht ausdrücklich vom
Urheberrechtsschutz zugelassen ist, bedarf der vorherigen Zustimmung des Verla-
ges. Das gilt insbesondere für Vervielfältigungen, Bearbeitungen, Übersetzungen,
Mikroverfilmungen, Auswertungen durch Datenbanken und für die Einspeicherung
und Verarbeitung in elektronische Systeme. Alle Rechte, auch die des auszugsweisen
Nachdrucks, der fotomechanischen Wiedergabe (einschließlich Mikrokopie) sowie
der Auswertung durch Datenbanken oder ähnliche Einrichtungen, vorbehalten.

Impressum:

Copyright © 2015 GRIN Verlag, Open Publishing GmbH
Druck und Bindung: Books on Demand GmbH, Norderstedt Germany
ISBN: 978-3-668-11558-3

Dieses Buch bei GRIN:

http://www.grin.com/de/e-book/312261/wie-steht-johanna-zur-gewalt-bertolt-
brechts-heilige-johanna-der-schlachthoefe

Michael Verfürden

Wie steht Johanna zur Gewalt? Bertolt Brechts „Heilige Johanna der Schlachthöfe" und Friedrich Schillers „Johanna von Orléans"

GRIN - Your knowledge has value

Der GRIN Verlag publiziert seit 1998 wissenschaftliche Arbeiten von Studenten, Hochschullehrern und anderen Akademikern als eBook und gedrucktes Buch. Die Verlagswebsite www.grin.com ist die ideale Plattform zur Veröffentlichung von Hausarbeiten, Abschlussarbeiten, wissenschaftlichen Aufsätzen, Dissertationen und Fachbüchern.

Besuchen Sie uns im Internet:

http://www.grin.com/

http://www.facebook.com/grincom

http://www.twitter.com/grin_com

Heinrich-Heine-Universität Düsseldorf

Abteilung: Neuere deutsche Literaturwissenschaft

Veranstaltung: BM II-2, Literaturgeschichte in exemplarischen Beispielen: (politisches) Handeln und Charakter.

Brechts „Heilige Johanna der Schlachthöfe" als Gegenentwurf zu Schillers „Johanna von Orleans"
Ein Vergleich der beiden Werke anhand Johannas Einstellung zur Gewalt.

Verfasser: Michael Verfürden

Inhalt

1. Einleitung 3
2. Darstellung der Johanna-Figur 4
   - 2.1 Die historische Gestalt 4
   - 2.2 „Die Jungfrau von Orleans" 5
   - 2.3 „Die heilige Johanna der Schlachthöfe" 6
3. Einstellung zur Gewalt 7
   - 3.1 Schillers „Amazone" 8
   - 3.2 Brechts Pazifistin 9
4. Warum wählt Brecht Johanna? 10
5. Brechts Schiller-Parodien 12
   - 5.1 Die Erkennungsszene 12
   - 5.2 Die Schluss-Apotheose 13
6. Fazit 14
7. Literaturverzeichnis 17

1. Einleitung

Die Legende der Jeanne d'Arc ist bis heute eine beliebte Inspirationsquelle für Schriftsteller, Dichter und Filmemacher. Noch zu Lebzeiten begann ihre Glorifizierung, die noch immer anhält und sich weder auf ihr Herkunftsland Frankreich, noch auf bestimmte Kunstgattungen beschränkt.[1] Doch obwohl alle Adaptionen im Kern auf einer realen Person basieren, sozusagen dem historischen Prototyp, und gewisse inhaltliche Grundmuster stets erkennbar bleiben, hat jeder Künstler den Johanna-Stoff auf seine eigene Art und Weise variiert, bearbeitet und mit ideologischen Absichten aufgeladen.

Auch Bertolt Brecht hat sich mit „Die heilige Johanna der Schlachthöfe" in die lange Liste dieser Neugestaltungen eingereiht. Bei der Lektüre seines Dramas wird allerdings deutlich, dass die historische Vorlage für Brecht nur eine Inspirationsquelle unter vielen war. Stattdessen findet man eine Vielzahl von Anlehnungen an Werke anderer Autoren, allen voran Friedrich Schillers „Die Jungfrau von Orleans". Die beiden Dramen sind ein gutes Beispiel dafür, wie sehr sich die Bearbeitungen des Stoffes voneinander unterscheiden, dass sie mitunter auch Bezug aufeinander nehmen – und dass sie in manchen Fällen komplett gegensätzliche Johanna-Figuren entwerfen. Brecht verlegt die Handlung vom Frankreich des 14. Jahrhunderts auf die Viehhöfe und an die Fleischbörse im Chicago der 1920er Jahre. Johanna Dark, Leutnant der Missionsbewegung „Die Schwarzen Strohhüte", stößt auf die trostlose Lage der Arbeiter in den Schlachthöfen, die durch die unternehmerischen Aktivitäten des Fleischkönigs Mauler bedingt ist. Sie solidarisiert sich mit den Armen, verhindert durch ihr Handeln aber das Gelingen eines Generalstreiks und bricht letztlich unter dem Bewusstsein dieser Schuld zusammen.

Genauso wie Schillers Johanna durchläuft auch die Protagonistin bei Brecht eine Wandlung, an deren Ende allerdings ein anderes Ergebnis steht und dass „Die heilige Johanna der Schlachthöfe" zum Gegenentwurf von Schillers „Die Jungfrau von Orleans" macht. Eine zentrale Rolle spielt dabei das Verhältnis der Johanna-Figuren zur Gewalt. Die vorliegende Arbeit wird sich genauer mit diesem Aspekt befassen.

Zunächst soll geklärt werden, wie sich Schillers und Brechts Johanna-Figuren in Bezug auf ihre Darstellung von der historischen Vorlage und voneinander unterscheiden. Anschließend wird untersucht, welche Rolle Gewalt für die beiden Titelfiguren spielt. Das führt zu der Frage, warum Brecht sich für das Johanna-Motiv entschieden hat. Zwei exemplarische Beispiele sollen die sogenannte „Schiller-Parodie" erläutern. Das abschließende Fazit gibt auch einen Ausblick auf weitere Forschungsfragen.

---

[1] Vgl. Große, Wilhelm: Bearbeitungen des Johanna-Stoffes. München 1980, S. 7.

2. Darstellung der Johanna-Figur

Die Umdeutung historischer Personen hat in der Literatur Tradition. Auch Schiller wollte mit „Die Jungfrau von Orleans" keine geschichtstreue Überlieferung vorlegen und nahm tiefgreifende Veränderungen am Johanna-Stoff vor. Brecht ging allerdings noch einen Schritt weiter. Sein Drama wird als „gezwungen wirkende Modernisierung"[2] bezeichnet, weil es den Johanna-Stoff so weit verfremdet, dass es kaum noch etwas mit der Historie gemeinsam hat.

Brecht hat sich zwar für eben jenes Motiv entschieden und sein Drama damit ganz bewusst in die Johanna-Reihe gestellt. Knopf weist in diesem Zusammenhang aber darauf hin, dass er „nicht am Ausgangspunkt, also an der historischen Jeanne d'Arc, sondern am Endpunkt an[knüpft], an den literarischen Darstellungen der Figur."[3]

Um zu verstehen, warum Brechts Wahl auf die Johanna-Figur fiel, muss zunächst ihre unterschiedliche Darstellung in „Die Jungfrau von Orleans" und „Die heilige Johanna der Schlachthöfe" untersucht werden. Da der historische Stoff trotz Umarbeitung und Neudeutung die Grundlage für beide Werke bildet, wird dabei auch kurz das Verhältnis der Adaptionen zur Historie erläutert.

Weil sich die Rekonstruktion der Geschichte wegen der zum Teil schlechten Überlieferungen und der Legendenbildung als schwierig erweist, geht die Arbeit allerdings nur auf den Kern der Johanna-Biographie ein. Um den Rahmen dieser Arbeit nicht zu sprengen, wird auf eine ausführliche Darstellung des historischen Kontextes verzichtet.[4]

2.1 Die historische Gestalt

Jeanne d'Arc stammt aus Domrémy, einem Dorf an der Maas in Lothringen. Mit dreizehn Jahren hörte sie zum ersten Mal Stimmen, die sie als die Stimmen von Engeln wahrnahm und schließlich als Gotteseingebung interpretierte[5]. Jeanne war überzeugt, dass sie von diesen Stimmen den Auftrag zur Rettung ihres Vaterlandes und zur Vertreibung der Engländer erhalten hat, verließ ihre Familie nachdem sie 17 Jahre alt geworden war und reiste nach Chinon, um den enterbten Dauphin Karl VII. von Frankreich aufzusuchen. Nach mehreren gescheiterten Versuchen erhielt sie tatsächlich eine Audienz beim Thronanwärter. Dieser soll ihr sein Heer anvertraut haben, nachdem Jeanne ihn erkannte, obwohl ein anderer auf seinem Thron saß.[6]

---

[2] Nette, Herbert: Jeanne d'Arc in Selbstzeugnissen und Bilddokumenten. Hamburg 1977, S. 130.
[3] Knopf, Jan: Berthold Brecht: Die heilige Johanna der Schlachthöfe. Grundlagen und Gedanken zum Verständnis des Dramas. Frankfurt 1985, S. 49.
[4] Einen guten Überblick bietet etwa Krumeich, Gerd: Jeanne d'Arc. Die Geschichte der Jungfrau von Orleans. München 2006.
[5] Vgl. Schirmer-Imhoff, Ruth: Der Prozess der Jeanne d'Arc: Akten und Protokolle 1431-1456. München 1978, S. 20.
[6] Vgl. Lucie-Smith, Edward: Johanna von Orleans. Eine Biographie. Düsseldorf 1977, S. 82. f.

Die Jungfrau begleitete die Soldaten nach Orleans, das die Engländer nach vier Tagen aufgaben und wo Karl anschließend feierlich gekrönt wurde. Knopf weist an dieser Stelle darauf hin, dass Jeanne wahrscheinlich nie selbst gekämpft hat, sondern als Bannerträgerin eher eine psychologische Rolle in der Schlacht spielte. Die Befreiung von Orleans stellte einen Wendepunkt in den englisch-französischen Auseinandersetzungen dar. Die fast vollständige Vertreibung der Engländer vom Festland hat Jeanne allerdings nicht mehr erlebt. Sie wurde 1430 von burgundischen Truppen festgenommen und an die Engländer ausgeliefert. Die machten ihr in Rouen den Prozess und verbrannten sie am 30. Mai 1431 auf dem Scheiterhaufen. Das Urteil wird erst 1456 und nach Beendigung des Hundertjährigen Krieges widerrufen. 1894 folgt die Seligsprechung, 1920 dann die Heiligsprechung.

2.2 „Die Jungfrau von Orleans"

Schon im Prolog wird angedeutet, dass Schillers Johanna sich von den übrigen Protagonisten im Drama unterscheidet. Als einfaches Hirtenmädchen ragt sie dank körperlicher Schönheit und geistlicher Wundergaben[7] aus ihrem Umfeld heraus. Sie meidet andere Menschen und sucht die Einsamkeit in den Bergen[8]. Ihr eigener Vater beschreibt sie als „verschlossen" und „kalt".[9] Interesse am Heiraten hat sie nicht, emotionale Regung zeigt die fanatische Patriotin zunächst nur dann, wenn es um ihr Vaterland geht:

> Dieses Land des Ruhms,
> Das schönste, das die ew'ge Sonne sieht
> In ihrem Lauf, das Paradies der Länder,
> Das Gott liebt, wie den Apfel seines Auges[10]

Als Frankreich durch den Konflikt mit den Engländern in Not gerät, sieht Johanna sich von Gott als Retterin des Landes berufen:

> Ein Zeichen hat der Himmel mir verheißen,
> Er sendet mir den Helm, er kommt von ihm,
> Mit Götterkraft berühret mich sein Eisen,
> Und mich durchflammt der Mut der Cherubim,
> Ins Kriegsgefühl hinein will es mich reißen,
> Es treibt mich fort mit Sturmes Ungestüm,
> Den Feldruf hör ich mächtig zu mir dringen,
> Das Schlachtross steigt und die Trompeten klingen.[11]

Der kriegerische, amazonenhafte Geist der Johanna, ist eines der Elemente, die Schiller hinzugedichtet hat. Ebenso wenig entspricht das der Jungfrau auferlegte Liebesverbot der

---
[7] Vgl. Schiller, Friedrich: Die Jungfrau von Orleans. Stuttgart 2013, S. 9.
[8] Ebd., S.7.
[9] Ebd.
[10] Ebd., S. 15.
[11] Ebd. S. 18.

historischen Realität. In der Szene, in der Johanna der weltlichen Liebe zu Lionel unterliegt, zeigt sie erstmals Gefühle, die nicht religiöser oder patriotischer Natur sind: Nach einem kurzen Kampf reißt Johanna ihm vor dem beabsichtigten Todesstoß den Helm herunter, sieht ihm in sein Gesicht und ist von seinem Anblick derart ergriffen, dass sie nicht in der Lage ist, den Todesstreich auszuführen. Johanna fühlt sich schuldig, weil sie ihr Gelübde gebrochen hat, ist zugleich aber besorgt, dass Lionel in die Hände der Franzosen fallen könnte.

Anschließend schweigt sie zu den Vorwürfen ihres Vaters, der sie als von der Hölle gesandt anklagt, weshalb sie vom König verbannt wird. Als ihr Land erneut in Not gerät, entsagt sie ihrer weltlichen Liebe und wendet die Schlacht erneut zugunsten der Franzosen. Allerdings wird sie tödlich verwundet und stirbt noch auf dem Schlachtfeld. Die Verlegung des Todes der Johanna vom Scheiterhaufen auf das Schlachtfeld ist zugleich die massivste Verfremdung der historischen Wirklichkeit bei Schiller.

Weitere erfundene Details in Bezug auf die Titelfigur sind ihre Familienverhältnisse, die Erscheinung des Schwarzen Ritters und die Donnerschläge bei der Krönungszeremonie, Johannas prophetische Talente und ihre Flucht vor den Engländern.[12] Zudem hat Schiller den Friedenspakt Frankreichs mit Burgund und England sowie den Tod des britischen Heerführers Talbot chronologisch vorverlegt, um die historischen Ereignisse im Drama noch vor Johannas Tod geschehen zu lassen.

Nicht historische Wahrheit, sondern die „höhere poetische Wahrheit" ist Schillers Ziel. Er selbst schreibt, dass eine Tragödie durch den poetischen Zweck, den sie verfolgt, „in der Nachahmung frei [wird]; sie erhält Macht, ja Verbindlichkeit, die historische Wahrheit den Gesetzen der Dichtkunst unterzuordnen und den gegebenen Stoff nach ihrem Bedürfnisse zu bearbeiten."[13] Schillers Verfremdungen des Johanna-Stoffes zeigen, dass es ihm um das Individuum und sein tragisches Schicksal geht. Er schreibt die Historie im Sinne der Wirkung auf den Leser um und gestaltet seine Titelheldin als „Kunstfigur"[14].

2.3 „Die heilige Johanna der Schlachthöfe"

Brecht geht mit seiner Verfremdung der historischen Wirklichkeit noch weiter als Schiller. Das liegt einerseits daran, dass der Autor sich bewusst von der ursprünglichen Jeanne-d'Arc-Geschichte entfernt, den Zeitbezug verändert und die heldische Funktion der Figur in den

---

[12] Vgl. Alt, Peter-André: Die Jungfrau von Orleans (1801). In: ders.: Schiller. Leben – Werk – Zeit. Zweiter Band, München 2004, S. 514 f.
[13] Schiller, Friedrich: Theoretische Schriften. Berlin 2014, S. 104.
[14] Sauder, Gerhard: Die Jungfrau von Orleans. In: Hinderer, Walter (Hrsg.): Schillers Dramen. Interpretationen. Stuttgart 1992, S. 341.

Hintergrund rückt. Bezeichnenderweise nennt Brecht seine Protagonistin auch in Johanna Dark („die Dunkle") um, was ein erster Wink auf ihr Schicksal ist. Andererseits entstammt Brechts Johanna nur zu einem Teil der Geschichte, mehr noch aber der Bearbeitung Schillers und ist damit „Zitat, nicht Erfindung".[15]
Brechts entscheidende Verschiebung des Stoffes und damit der Figur liegt darin, dass er Johanna nicht mehr als „Mensch", sondern als Zugehörige der kleinbürgerlichen Mittelschicht konzipiert[16] und sie zugleich mit der proletarischen Realität und der Brutalität der Schlachthöfe konfrontiert. Sie ist mehr „exemplarische Figur einer gesellschaftlichen Schicht" als individueller Charakter.[17]

Im Mittelpunkt des Dramas steht der Konflikt zwischen Arbeitern und Fleischindustrie und „die »Tragik« der Brechtschen Johanna ergibt sich dann daraus, daß [sic!] sie diesen Konflikt nicht bzw. erst zu spät erkennt."[18] Als Leutnant der Heilsarmee „Die Schwarzen Strohhüte" will sie den ausgesperrten Arbeitern auf den Schlachthöfen Chicagos den Glauben an Gott wiederbringen, muss letztlich aber einsehen, dass das durch die Wirtschaftskrise immer größer werdende Elend nicht mit Suppe und netten Worten aufzuhalten ist. Für Johanna ist die Realität der anderen so unwirklich, dass es auf sie wie ein Schauspiel wirkt:

> Ihr habt gut hungern, ihr habt nichts zu essen
> Aber auf mich warten sie mit einer Suppe.
> [...]
> Ja, fast ein Schauspiel scheint's mir, also
> Unwürdig, wenn ich hierbliebe
> Ohne dringendste Not.[19]

Die humane Lösung ohne Anwendung von Gewalt, die Brechts pazifistische Johanna anstrebt, ist eine Illusion und zum Scheitern verdammt. Als sie dies erkennt, kann sie allerdings nicht mehr handeln. Unter dem Bewusstsein ihrer Schuld bricht sie zusammen und stirbt.

3. Einstellung zur Gewalt

Brechts Johanna ist der „Jungfrau von Orleans" zwar in vielen Zügen ähnlich. Dennoch kann sie als Gegenentwurf zu Schillers Heldin angesehen werden. „Gerade ihre ‚schillerische' Reinheit ist für Brecht Ansatzpunkt einer gegensätzlichen Wertung"[20]. Brecht konzipiert seine Titelfigur gegen Schillers Johanna und will an ihr falsches Handeln demonstrieren. Der Gegensatz

---

[15] Kopf 1985, S. 8.
[16] Vgl. Herrmann, Hans Peter: Wirklichkeit und Ideologie. Brechts „Heilige Johanna der Schlachthöfe" als Lehrstück bürgerlicher Praxis im Klassenkampf. In: Dyck, Joachim (Hrsg.): Brechtdiskussion. Kronberg/Taunus 1974, S. 64.
[17] Vgl. ebd.
[18] Ebd. S. 50.
[19] Brecht, Bertolt: Die heilige Johanna der Schlachthöfe. Frankfurt 2015, S. 107 f.
[20] Schulz, Gudrun: Die Schillerbearbeitungen Bertolt Brechts. Eine Untersuchung literarhistorischer Bezüge im Hinblick auf Brechts Traditionsbegriff. Berlin 1972, S. 145.

zwischen den beiden Figuren wird von ihm in Johanna Darks Einstellung zu Gewalt aufs Äußerste zugespitzt. Denn während Schillers Johanna als erbarmungslose Kämpferin dargestellt wird, lehnt Johanna Dark Gewalt strikt ab.

3.1 Schillers „Amazone"

Das Verstörende an Schillers Johanna ist die Mischung aus klassizistischen Idealen und Schönheit sowie der Lust an Gewalt, die die Titelfigur in sich vereint. Schon ihr früheres Leben, bevor sie ihren Auftrag erhalten hat, ist kein gewaltloses. Als Hirtin kämpft sie gegen einen Tigerwolf und rettet so ein Lamm, das „er im blutgen Rachen schon davontrug."[21] Dann erhält sie ihren göttlichen Auftrag und wird sozusagen zu „Frankreichs Hirtin", die ihr Land gegen den „Tigerwolf England" verteidigen muss. Sie zweifelt zu keinem Zeitpunkt daran, dass ihr Kampf ein gerechtfertigter ist und betont immer wieder, dass Gott auf der Seite ihres Landes stehe und sie zu diesem Krieg berufen habe, da die Briten widerrechtlich in Frankreich eingefallen seien. Johanna selbst greift das Bild der Hirtin wieder auf, als sie über ihren Auftrag sagt:

> Mit ihrer Sichel wird die Jungfrau kommen,
> Und seines [des Engländers] Stolzen Saaten niedermähen
> [...]
> Und diese frechen Inselwohner alle
> Wie eine Herde Lämmer vor sich jagen.
> Der Herr wird mit ihr sein, der Schlachten Gott.[22]

Das Motiv der Hirtin wird an dieser Stelle allerdings umgekehrt. Anstatt die Lämmer zu schützen, will die Jungfrau sie mit Gottes Unterstützung vor sich herjagen. In dem anschließenden Monolog ergänzt sie:

> Zerstreut euch, ihr Lämmer auf der Heiden,
> Ihr seid jetzt eine hirtenlose Schar,
> Denn eine andre Herde muss ich weiden,
> Dort auf dem blut'gen Felde der Gefahr,
> So ist des Geistes Ruf an mich ergangen.[23]

Karl S. Guthke schreibt, dass Johanna, die „Amazone mit Christuskomplex"[24], so wirke, als würde sie ihren Glauben vorschieben, um ihren rabiaten Chauvinismus[25] rechtfertigen zu können. Sie weise ein „unbezweifelbare[s] Miteinander von Sendungspathos, brutalem Machtwillen und blutrünstigem Patriotismus"[26] auf. Man könne den Übergang der Hirtin zur „männermordenden

---

[21] Schiller 2013, S. 10.
[22] Ebd. S. 14 f.
[23] Ebd. S. 17.0
[24] Guthke, Karl S.: Die Jungfrau von Orleans. In: Koopmann, Helmut (Hrsg.): Schiller – Handbuch. Stuttgart 2011, S. 467.
[25] Vgl. ebd. S. 481.
[26] Ebd. S. 474

Amazone" aber auch als „Übergang von einem poetischen oder theaterwirksamen Motiv zu einem anderen" sehen.[27]

3.2 Brechts Pazifistin

Die Gewaltproblematik in Brechts „Die heilige Johanna der Schlachthöfe" wird von zwei konkurrierenden Strömungen innerhalb der Arbeiterschaft symbolisiert. Als Johanna auf dem Schlachthof von den Zeitungsleuten aufgesucht wird, hört man im Hintergrund zwei Chöre, die die beiden unterschiedlichen Positionen vertreten. Die eine Gruppe glaubt, dass der Konflikt mit den Unternehmern gewaltfrei gelöst werden kann. Ihr Standpunkt beruht auf dem Glauben an die Möglichkeit der Einflussnahme auf die Bosse und einer sozialen Umgestaltung des Systems.

> DIE ARBEITER *hinten auf den Höfen:*
> Vor die Not nicht am höchsten ist
> Werden sie die Fabriken nicht aufmachen.
> Wenn das Elend gestiegen ist
> Werden sie aufmachen.
> Aber antworten müssen sie uns.
> Geht nicht weg, wartet die Antwort ab.[28]

Die von den kommunistischen Arbeitern geführte Gruppe hingegen weist die gewaltfreie Handlungsalternative ab und plädiert dafür, selbst die Initiative zu ergreifen, da eine positive Veränderung der Zustände nur durch die Aktivität der Arbeiter und die Beseitigung des Profitsystems erreicht werden kann:

> GEGENCHOR *ebenfalls hinten:*
> Falsch! Wohin immer das Elend steigt:
> Sie werden nicht aufmachen!
> Nicht, vor ihr Profit steigt.
> Ihre Antwort wird kommen
> Aus Kanonen und Maschinengewehren.
> Helfen können nur wir selber uns
> Anrufen können wir nur
> Unseresgleichen.[29]

Später ergänzen sie noch den Zusatz, dass „es nur durch Gewalt geht und / Wenn ihr es selber macht".[30] Die beiden gegensätzlichen Positionen sind gleichzeitig die Pole des inneren Konflikts der Brechtschen Johanna, die im Laufe des Dramas beide Haltungen durchlebt.

Johanna verschreibt sich der Sache des Proletariats und gliedert sich in die Reihen der Arbeiter ein. Anfangs verabscheut sie Gewalt, die noch nie „etwas anderes ausgerichtet hätte als Zerstörung."[31] In einem kurzen Monolog, den die Protagonistin während einer Vision führt,

---

[27] Vgl. ebd. S. 469.
[28] Brecht 2015: S. 105.
[29] Ebd.
[30] Ebd. S. 108.
[31] Ebd. 17.

erklärt sie, warum sie die Schlachthöfe letztlich verlässt und den Brief nicht an die Arbeiter aushändigt:

> Ich könnt nichts tun
> Was mit Gewalt getan sein müßt und
> Gewalt erzeugte. Ein solcher stünd ja
> Voller Arglist gegen den Mitmenschen
> [...]
> Die Unschuld
> Verließe ihn, der verflogt und verfolgt wird.
> [...]
> So könnt ich nicht sein. Und drum geh ich.[32]

Die Bejahung von Gewalt bedeutet für Johanna Schuld. Erst als sie erkennt, dass sie wesentlich zum Scheitern des Generalstreiks beigetragen hat und die Chance, dem System „Einhalt"[33] zu gebieten vertan ist, ändert sie ihre Meinung. Johanna muss sich eingestehen, dass sie – ihrem eigenen Monolog widersprechend – ausgerechnet durch ihre gewaltablehnende Einstellung schuldig wurde:

> Die Welt die alte Bahn unverändert.
> Als es möglich war, sie zu verändern
> Bin ich nicht gekommen; als es nötig war
> Daß ich kleiner Mensch half, bin ich
> Ausgeblieben.[34]

Sie erkennt, dass sie den Geschädigten durch ihr Handeln nur noch mehr geschadet hat und den Schädigern nützlich war[35] und resümiert in ihrem letzten Satz bevor sie stirbt: „Es hilft nur Gewalt, wo Gewalt herrscht"[36].

4. Warum wählt Brecht Johanna?

Brecht geht es in „Die heilige Johanna der Schlachthöfe" nicht darum eine Geschichte zu erzählen. Das Geschehen wird trotz Verfremdung von Anfang an „zitiert" und die Handlung wird schon durch den Titel jeglicher Spannungselemente im herkömmlichen Sinne beraubt, denn „man weiß von vornherein, wie die Geschichte einer Heiligen Johanna auszugehen hat: nämlich schlecht."[37]

Schillers „Die Jungfrau von Orleans" ist stark vom Gedankengut Immanuel Kants beeinflusst, insbesondere von Kants Idee des kategorischen Imperativs[38]. Brecht sagt diesem philosophischen

---

[32] Ebd. 112.
[33] Ebd. S. 141.
[34] Ebd.
[35] Vgl. ebd. S. 142.
[36] Ebd. S. 146.
[37] Mayer, Hans: Skandal der Jeanne d' Arc. In: Knopf, Jan: Brechts „Heilige Johanna der Schlachthöfe". Frankfurt 1986, S. 284.
[38] Der kategorische Imperativ lautet in seiner Grundform: „Handle nur nach derjenigen Maxime, durch die du zugleich wollen kannst, dass sie ein allgemeines Gesetz werde."

Prinzip und der „kantianischen Dramatik Friedrich Schillers"[39] den Kampf an und schreibt „Die heilige Johanna der Schlachthöfe" deshalb als Gegenentwurf zu der von Schiller verfassten Vorlage.

Auch seine Protagonistin denkt im Sinne des kategorischen Imperativs. Sie kann sich nicht zu der notwendigen Gewalt entschließen, denn ihr Gewissen verbietet es ihr. Gerade dadurch unterstützt sie aber das System der Ausbeutung. Ihr Gutsein auf der Ebene des Individuums wird somit zur gesellschaftlichen Schlechtigkeit.

Auch Schillers Johanna versagt und kann ihren Auftrag nicht erfüllen. Ihre Schuld ist allerdings unausweichlich, da ihr Auftrag ihr Bedingungen auferlegt, die sie als menschliches Wesen nicht erfüllen kann. Sie wird schuldig, weil sie ihrer persönlichen Neigung folgt ohne dabei eine freie Entscheidung gehabt zu haben:

> Doch du rissest mich ins Leben,
> in den stolzen Fürstensaal,
> Mich der Schuld dahin zu geben,
> Ach! Es war nicht meine Wahl![40]

Brechts Johanna hingegen stehen unterschiedliche Möglichkeiten offen. Sie ist nicht wie Schillers Johanna durch ihr menschliches Wesen auf eine Handlungsoption festgelegt, sondern könnte auch anders handeln.

Gutmütigkeit, Moral und ihr Verzicht auf Gewalt helfen nicht und verstärken das Elend nur noch mehr. Einzig ein entschiedenes Eingreifen – notfalls mit Gewalt – kann die Verhältnisse zum Besseren wenden. Die „Vernunft des Herzens", die Schillers Johanna „die Würde einer tragischen Heldin" verleiht, ist bei Brecht der „Hauptfehler" der Protagonistin.[41] Weil sie dieser „inneren Stimme" folgt, wird sie selbst zum Instrument der Unterdrückung. Diese Einsicht kommt ihr allerdings zu spät. Ihre verzweifelte Schlussrede, in der sie letztlich doch zu Gewalt aufruft, ist eine Absage an die „Vernunft des Herzens", die Johanna Dark zum Verhängnis wird. Durch die Möglichkeit der „Entweder-Oder-Entscheidung", die Brecht seiner Johanna bietet, zeigt er, dass das vom Menschen verursachte Unglück auch vom Menschen beseitigt werden kann. Damit verleugnet er jegliche Schicksalsgebundenheit und übt indirekt Kritik an Schiller, bei dem der Mensch sein Leid als unabwendbar ertragen muss.

> Das Menschenbild der bürgerlichen Tragödie [„Die Jungfrau von Orleans"] ist antirevolutionär und dient nach der Interpretation Brechts der Erhaltung und Sanktionierung der bestehenden Weltordnung. Daß sich Schillers Johanna am Ende über das verhängte Schicksal erhebt, ihre Schuld annimmt und sühnt und mit der Erhabenheit über ihr Schicksal die Freiheit gewinnt, hebt die Absolutheit der herrschenden

---

[39] Mayer 1986, S. 287.
[40] Schiller 2002, S. 98.
[41] Vgl. Mayer 1986, S. 287.

Weltordnung nicht auf, sondern bestätigt sie: der Mensch bringt sich zum Opfer und weiht sie durch sein Mysterium."[42]

Brecht wählt die Johanna-Figur, um sein Werk Schillers „Die Jungfrau von Orleans" unmittelbar gegenüberzustellen. Der Kontrast, den er dabei schafft, soll Brechts Kritik an Schillers Weltbild und seiner „kantianischen Dramatik" untermauern. Dies wird im Folgenden an zwei Szenen genauer erläutert.

5. Brechts Schiller-Parodien

Die Beziehungen zur historischen Vorlage hat Brecht beinahe vollständig aufgelöst. Stattdessen bestehen in einzelnen Phasen und Fragmenten Anlehnungen an verschiedene Werke der deutschen Klassik. Brecht bezieht sich neben Goethe und Hölderlin vor allem auf Schiller. Er verwendet in „Die heilige Johanna der Schlachthöfe" Zitate und Situationen aus „Die Jungfrau von Orleans" zum Zweck des parodistischen Kontrasts und um der klassischen Tragödie gegenübergestellt seine Schiller widersprechenden Erkenntnisse zu demonstrieren.

5.1   Die Erkennungsszene

Bei Schiller will sich der von der Jungfrau gesuchte Karl nicht zu erkennen geben. Er ist der Ansicht, dass ein von Gott gesandtes „Wundermädchen"[43] ihn erkennen können muss – auch wenn sie ihn vorher noch nie gesehen hat. Er versucht sie zu täuschen, indem er jemand anderes auf seinem Stuhl Platz nehmen lässt. Doch Johanna erkennt Karl auf Anhieb und beweist somit ihre seherischen Fähigkeiten.

Brecht hat die erste Begegnung seiner Johanna und dem Fleischkönig Mauler Schillers Erkennungsszene nachempfunden. Allerdings reduziert er sie auf ihren „mimischen Urstoff, ihren gestischen Gehalt"[44] und verzichtet auf künstlerische Stilisierung, wie man sie bei Schiller liest. Während Johannas Auftritt in „Die Jungfrau von Orleans" von Glockenklang und Waffengeklirr begleitet wird und dadurch wie eine himmlische Erscheinung wirkt, wird Brechts Johanna Dark ganz unspektakulär durch einen Detektiv angemeldet und abgeholt. Untermalt wird die Szene vom üblichen Börsenlärm.

Mauler ist bereit, Johanna Dark zu empfangen, aber auch er will sich nicht zu erkennen geben. Wie bei Schiller tritt die Titelfigur auch hier dennoch sofort auf den Gesuchten zu, der sie

---

[42] Jendreiek, Helmut: Bertolt Brecht. Drama der Veränderung. Düsseldorf 1969, S. 148.
[43] Schiller 2002, S. 38.
[44] Schulz 1972, S. 107.

wiederum an seinen Makler Slift verweist. Johanna lässt sich allerdings nicht beirren und als Mauler fragt, wie sie ihn erkennen konnte, antwortet sie: „Weil du das blutigste Gesicht hast."[45] Johannas Antwort deutet an, dass sie den für die miserable Lage der Arbeiter Verantwortlichen längst entlarvt hat. Dass sie sich anschließend noch von Mauler beeindrucken lässt und die Hoffnung wahrt, auf ihn einwirken und dadurch den Armen helfen zu können, demonstriert die Naivität der Protagonistin.

Wichtiger ist aber die Tatsache, dass sie Mauler dank ihrer Menschenkenntnis und nicht wie Schillers Johanna mit göttlicher Hilfe erkennt. Brecht zeigt damit, dass nicht religiöse Kräfte, sondern Gewalt und Ausbeutertum die Welt regieren. Bei ihm werden die Mächtigen nicht von Gott getrieben, sondern von der unstillbaren Gier nach Profit.

Ohne das „Erkennungs-Wunder" erhält die Szene bei Brecht einen anderen Sinn als bei Schiller: Er „hat die Szene von einer sakralen Weihehandlung in eine rein komödiantisch-gestische Verkleidungsszene"[46] umgestaltet.

5.2 Die Schluss-Apotheose

Dank der Verlagerung des Todes vom Scheiterhaufen auf das Schlachtfeld stirbt Schillers Johanna einen Helden- statt einen Hexentod. Da sie die entscheidende Schlacht zuvor zugunsten der Franzosen wendet, kann sie sich von ihrer Schuld erlösen. Das reicht Schiller aber noch nicht. Seine Heldin, die am Menschsein scheiterte, wird dank ihrer Entscheidung für die höhere Pflicht und gegen ihre Neigung als Engel verklärt und heiliggesprochen. Auf Anweisung des Königs wird ihr ihre Fahne gereicht. Dann steigt sie zum Himmel hinauf:

> Der Himmel öffnet seine goldnen Tore,
> [...]
> Der schwere Panzer wird zum Flügelkleide.
> Hinauf – hinauf – Die Erde flieht zurück –
> Kurz ist der Schmerz und ewig ist die Freude![47]

„Gebt ihr die Fahne", befiehlt mit den gleichen Worten wie bei Schiller auch Brechts Fleischkönig Mauler. Die anschließende Regieanweisung ist fast wortwörtlich aus „Die Jungfrau von Orleans" übernommen: „Alle stehen lange in sprachloser Rührung. Auf einen Wink Snyders [Bei Schiller: „des Königs"] werden alle Fahnen sanft auf sie niedergelassen, bis sie ganz davon bedeckt wird."[48] Brecht fügt als weitere Anmerkung den „rosigen Schein"[49] hinzu, der bei Schiller schon etwas früher vorkommt.

---

[45] Brecht 2015, S. 28.
[46] Schulz 1972, 113.
[47] Schiller 2002, S. 137.
[48] Brecht 2015, S. 149.
[49] Ebd.

Johanna Dark stirbt allerdings keinen heldenhaften Tod, sie fällt schlicht der Kälte zum Opfer – ohne ihren Auftrag zu erfüllen. Trotzdem wird auch sie in der Schlussszene zur Heldin erhoben, denn die Fleischhändler beschließen sie als Märtyrerin der Mildtätigkeit heilig zu sprechen, um sich ein „moralisch-religiöses Alibi"[50] zu sichern und um die Verbreitung ihrer Ansichten zu verhindern. Johannas revolutionäre Botschaft wird von ihnen übertönt. Dadurch verleiht Brecht dem Schluss eine gewisse Komik. Während die Idealisierung und Überhöhung Johannas in Schillers Schlussszene so gewollt ist, dient sie bei Brecht der Verschleierung der Missstände. Laut Völker soll damit die Legende der Schillerschen Johanna entlarvt werden.[51]

6. Fazit

Die Darstellung der Titelfiguren in „Die Jungfrau von Orleans" und „Die heilige Johanna der Schlachthöfe" zeigt, dass Schiller und Brecht unterschiedliche Ziele verfolgten, als sie den Johanna-Stoff adaptierten. Beide Werke weisen eine Vielzahl von Abweichungen von der historischen Realität auf. Aber während Schiller dabei vor allem das Individuum und sein tragisches Schicksal in den Fokus rückt und er die Geschichte zugunsten der poetischen Wirkung umdichtet, hat Brecht die Beziehungen zum „historischen Prototyp" fast vollständig aufgelöst. Stattdessen knüpft er an die literarischen Darstellungen der Figur an, vor allem an Schillers Johanna. Diese bewusste Annäherung ist aber gleichzeitig auch Abgrenzung, denn wie die vorliegende Arbeit gezeigt hat, ist Johanna Dark ausdrücklich als Gegenentwurf zu Schillers Heldin angelegt.

Während die „Jungfrau von Orleans" als begnadete und erbarmungslose Kämpferin dargestellt wird, ist Johanna Dark eine überzeugte Pazifistin. Jede Anwendung von Gewalt kommt für sie einem Verbrechen gleich. Schillers Johanna erfüllt am Ende ihren Auftrag auf dem Schlachtfeld, Johanna Dark sieht zu spät ein, dass Gewalt die einzige Chance zur Rettung ist. Der Hauptunterschied zwischen den beiden Titelfiguren liegt aber nicht direkt im unterschiedlichen Umgang mit Gewalt, sondern in den Gründen und Folgen ihrer Überzeugungen.

Beide scheitern an ihrer Aufgabe und werden schuldig. Während Schillers Johanna in Ungnade fällt, weil sie ihrem Auftrag nicht blind folgt, wird Johanna Dark ihr blindes Vertrauen auf ihre persönliche Maxime zum Verhängnis. Die Schuld bei Schiller ist notwendig und unvermeidbar, Brechts Protagonistin hatte die Wahl und hätte durch ein anderes Handeln ein besseres Ergebnis erzielen können. Beide folgen ihren Neigungen und stellen sie über die höhere Pflicht. Aber

---

[50] Jendreiek 1960, S. 152.
[51] Völker, Klaus: Brecht – Kommentar. Zum dramatischen Werk. München 1983, S. 146.

während Schillers Johanna gerade dadurch die Würde einer tragischen Heldin erlangt, geht Brechts Protagonistin letztlich verzweifelt zugrunde.

Am Ende haben beide Figuren die Herrschaft der Herrschenden gerettet und gefestigt. Doch während Schillers Johanna als Heldin verklärt wird und in „überirdische Regionen göttlicher Identität"[52] erhoben wird, muss Johanna Dark einsehen, dass ihr Gutsein es nicht vermag, die Zustände zum Besseren zu wenden. Die Einsichten, die dazu notwendig gewesen wären, erlangt sie zu spät. Bevor sie stirbt, muss sie sich eingestehen, dass sie die Lage nicht nur nicht ändern konnte, sondern sie auch noch verschlimmert hat. Sie selbst diente ihren Gegenspielern dabei als Instrument, sodass sie ebenfalls als Teil des Ausbeutersystems fungiert.

> Eines habe ich gelernt und weiß es für euch
> Selber sterbend:
> [...]
> Ich zum Beispiel habe nichts getan.
> Denn nichts werde gezählt als gut, und sehe es aus
>   wie immer, als was
> Wirklich hilft, und nichts gelte als ehrenhaft mehr,
>   als was
> Diese Welt endgültig ändert: sie braucht es.
> Wie gerufen kam ich den Unterdrückern![53]

Brecht übt hier indirekt Kritik an der „Schillersche[n] (an Kant anknüpfende[n]) Formel vom guten Menschen [...] und widerspricht damit dem klassisch-idealistischen Begriff von Humanität."[54] Die Formel, die er für seine Johanna Dark entwirft, heißt stattdessen: „folgenlose Güte gleich Harmoniegedenken gleich idealistische Apologetik gleich Mithelferschaft bei der Repression."[55]

Brechts Kritik geht aber noch weiter. Auch auf der formalen und sprachlichen Ebene schreibt er sein Drama in gewisser Weise als Gegenentwurf zu „Die Jungfrau von Orleans". Allerdings nicht, indem er sich gegen die literarisch-theatralische Darstellungsweise Schillers entscheidet, sondern indem er sie parodiert. Brecht will „das Auseinanderklaffen von humanitärem Versöhnungsgerede und kapitalistischem Tun zeigen, die Gegensätze zwischen der Fassade des Kapitalismus und seinen versteckten Gesetzen."[56] Was in der Erkennungsszene bereits angedeutet wird, spitzt Brecht in der Schluss-Apotheose aufs Äußerste zu. Die Parodie erreicht ihren Höhepunkt, als Johanna Dark von den Fleischhändlern wie Schillers Protagonistin verklärt und heiliggesprochen wird.

---

[52] Jendreiek 1969, S. 152.
[53] Brecht 2015, S. 142.
[54] Völker 1983, S. 147.
[55] Mayer 1986, S. 290.
[56] Klotz, Volker: Bertolt Brecht. Versuch über das Werk. Bad Homburg 1971, S. 110.

Die vorliegende Arbeit hat gezeigt, dass Brechts „Die Heilige Johanna der Schlachthöfe" als Gegenentwurf zu Schillers „Die Jungfrau von Orleans" gesehen werden kann – zumindest dann, wenn man die Untersuchung auf den Gewaltaspekt beschränkt.

Um die Analyse zu vertiefen, würde es sich anbieten, Brechts andere Bearbeitungen der Jeanne-D'Arc-Thematik[57] zu untersuchen. Es wäre außerdem interessant zu prüfen, ob sich die These des Gegenentwurfs auch auf andere Aspekte übertragen lässt – etwa das Frauenbild oder die Einstellung zur Religion. Auch Brechts Schiller-Kritik bietet Potential für weitere Forschungsfragen. Hier könnte man überprüfen, ob die in dieser Arbeit herausgestellten Kritikpunkte auch in anderen Schiller-Bearbeitungen Brechts vorkommen.

---

[57] „Die Geschichte der Simone Machard" und „Der Prozeß der Jeanne d'Arc zu Rouen 1431".

7. Literaturverzeichnis

Primärtexte

- Brecht, Bertolt: Die heilige Johanna der Schlachthöfe. Berlin 2015.
- Schiller, Friedrich: Die Jungfrau von Orleans. Stuttgart 2002.
- Schiller, Friedrich: Theoretische Schriften. Berlin 2014.

Sekundärtexte

- Alt, Peter-André: Die Jungfrau von Orleans (1801). In: ders.: Schiller. Leben – Werk – Zeit. Zweiter Band, München 2004, S. 510-525.
- Große, Wilhelm: Bearbeitungen des Johanna-Stoffes. München 1980.
- Guthke, Karl S.: Die Jungfrau von Orleans. In: Koopmann, Helmut (Hrsg.): Schiller – Handbuch. Stuttgart 2011, S. 467-494.
- Herrmann, Hans Peter: Wirklichkeit und Ideologie. Brechts „Heilige Johanna der Schlachthöfe" als Lehrstück bürgerlicher Praxis im Klassenkampf. In: Dyck, Joachim (Hrsg.): Brechtdiskussion. Kronberg/Taunus 1974, S. 52-121.
- Jendreiek, Helmut: Bertolt Brecht. Drama der Veränderung. Düsseldorf 1969.
- Nette, Herbert: Jeanne d'Arc in Selbstzeugnissen und Bilddokumenten. Hamburg 1977.
- Klotz, Volker: Bertolt Brecht. Versuch über das Werk. Bad Homburg 1971.
- Knopf, Jan: Berthold Brecht: Die heilige Johanna der Schlachthöfe. Grundlagen und Gedanken zum Verständnis des Dramas. Frankfurt 1985.
- Lucie-Smith, Edward: Johanna von Orleans. Eine Biographie. Düsseldorf 1977.
- Mayer, Hans: Skandal der Jeanne d' Arc. In: Knopf, Jan: Brechts „Heilige Johanna der Schlachthöfe". Frankfurt 1986, S. 279-291.
- Sauder, Gerhard: Die Jungfrau von Orleans. In: Hinderer, Walter (Hrsg.): Schillers Dramen. Interpretationen. Stuttgart 1992, S. 336-384.
- Schirmer-Imhoff, Ruth: Der Prozess der Jeanne d'Arc: Akten und Protokolle 1431-1456. München 1978.
- Schulz, Gudrun: Die Schillerbearbeitungen Bertolt Brechts. Eine Untersuchung literarhistorischer Bezüge im Hinblick auf Brechts Traditionsbegriff. Berlin 1972.
- Völker, Klaus: Brecht – Kommentar. Zum dramatischen Werk. München 1983.

BEI GRIN MACHT SICH IHR WISSEN BEZAHLT

- Wir veröffentlichen Ihre Hausarbeit, Bachelor- und Masterarbeit

- Ihr eigenes eBook und Buch - weltweit in allen wichtigen Shops

- Verdienen Sie an jedem Verkauf

Jetzt bei www.GRIN.com hochladen und kostenlos publizieren